Parce que j'écris sur toi,
Parce que j'écris sur nous,
Parce que j'ai écrit nos débuts,
J'ai écrit sur tout

Sans toi, je ne suis plus moi
Et quand tu es là
J'ai encore besoin de toi

Sans toi, je n'existe pas
Je perds ma joie

Et quand tu es là
Je me perds dans tes bras

Ça me rend triste quand on ne se parle pas
Mais est-ce que ça te gêne toi ?

Quand je suis avec toi, je ne réfléchis pas
Je laisse le destin
Nous diriger vers notre chemin

Je vois la vraie moi
quand je suis dans tes bras

J'espère que tout cela durera
car j'aime tellement être près de toi

Pourquoi je pense à toi
alors que toi, tu ne le fais pas ?
Je ne peux pas penser à un autre
alors que toi, tu ne fais que ça

Je te regarde par la fenêtre
Et lorsque, pour me regarder, tu t'arrêtes
Je me sens renaître

Quand je lis tes lettres
Je brûle comme une cigarette
Pourvu que jamais cela ne s'arrête

Mes sentiments
Sont de grands chenapans
Qui dureront longtemps

Je ne devais peut-être pas m'attacher
Mais je ne l'ai pas fait exprès
Je le regretterai parfois, je le sais
Mais jamais je ne t'abandonnerai

Et même si je sais que ça peut s'arrêter là
Je n'arriverai pas à me séparer de toi

Mon cœur est rempli de rancœur
Mais tu es ma lueur
Au milieu de mes pleurs

Des lames viennent toucher mon âme
Quand tu es avec ces femmes
Comment pourrais-je te déclarer ma flamme ?

Passer du temps avec toi
C'est comme un rêve qui dure plusieurs mois
Moi sans toi...
C'est comme une fleur sans pétales
C'est comme un ciel sans étoiles

Si tu pars,
Je serai dans le noir
Plongée dans une mare de désespoir

Je te dis « je t'aime »
à travers mes poèmes

Toi
tu m'abandonnes
mais moi, je ne te laisse pas
et même si je le voudrais,
je ne pourrais pas

Comment ferais-je sans toi ?
sans entendre ta voix ?

Puis tu reviendras vers moi
et je resterai là
car je ne peux pas te laisser seul au plus bas

Je suis là quand tu as besoin
Et quand tout va bien
Je ne suis plus rien

Même quand je suis à cran
contre mes sentiments
je ne peux pas faire autrement

Parce que toi, tu es différent

Je suis peut-être loin d'être la première
à te considérer comme un être cher

Mais comment faire
quand je vois cette lumière
qui seul toi éclaire

À présent, je sais,
que je ne pourrai plus m'en défaire

Quand il me sourit, je ris
quand il rit je souris
chaque nuit, je ne vois que lui
sa compagnie me remplit de folie

Et parfois, je crie
car c'est une maladie de l'aimer lui

À présent il fait entièrement partie de ma vie

Quand tu me fais la cour
Mon cœur devient moins lourd

Et comme toujours, il y a ton humour
Pour faire fuir les vautours

Quand on aime quelqu'un
on aime sentir son parfum
le contact et ses mains

Mais parfois,
sur le chemin de notre destin
il y a un frein

Je me suis énervée
Je n'ai pas envie de m'excuser
Mais je suis dégoûtée de ne plus te parler

Et si cela peut s'arranger
J'aurai toujours peur
Que l'un de nous
Gâche cette belle amitié

Quand j'ai grandi
Je suis partie
Pour faire ma vie

Et quand je suis revenue
Je t'ai revu
Et grâce à mon cœur, je sus
Que tu m'avais encore eu dans tes filets

Je n'avais jamais arrêté de t'aimer

Avec toi, je me sens bien
et même s'il n'y a rien
j'aime cette sensation,
celle de te tenir les mains

J'ai la haine
car je ne t'ai dit « je t'aime »
qu'à travers mes poèmes

Maintenant, tu es avec elle
et mon cœur se remplit de peine

Tu vas venir me parler de ta bien-aimée
Et moi, je vais t'encourager, te féliciter
Te dire que je suis contente pour toi

Mais au fond, mon cœur à moi,
Se retient de s'exprimer, de pleurer,
De te dire que pour moi tu es l'être rêvé

Mon amour pour toi
s'amplifie à chaque pas
que je fais vers tes bras
mais si tout s'arrête là
je tomberai vraiment bas

Sans toi
je ne comprends pas

Même si pour toi
ça ne se passe pas comme ça
je ne me vois plus sans tes bras

Tout cela me fait un peu de mal
J'en perds quelques pétales

Je t'ai choisi toi
J'aime tellement te sentir près de moi
Je ne regrette pas ce choix

Mais j'aimerais tellement
Combattre cette petite voix
Qui me dit que je ne suis pas faite pour toi

Même si on reste juste ami
je souhaite que ce soit pour la vie

Car même si moi, je t'aime
je n'oserai jamais te perdre

Tu fais à présent partie de moi

Te tenir la main me fait du bien
Et être dans tes bras me met hors de moi
J'aimerais devenir ta bien-aimée

De notre idylle, je fais qu'en rêver

Quand tu es loin de moi
je ne souris qu'à ma poésie
car c'est pour toi que je l'écris

Je me noie dans un océan d'amour
Quand j'entends ta voix me faire la cour

Comment vivre sans lui
Quand je le définis comme mon paradis

Putain sans toi....
Je me morfonds dans un profond chagrin

Avant que l'on ne se sépare
j'aimerais prendre tes mains
que nos lèvres s'embrassent sans lendemain

Car la vie est courte
et moi je t'aime coûte que coûte

Lorsque tu passes dans mes pensées
Et que je commence à rêver
Je ne sais pas ce qui va se passer dans la réalité

Tout ce que je sais
C'est que je veux passer le plus de temps
possible à :

> t'écouter,
> rigoler,
> marcher,
> te regarder,
> te tenir les mains

Oui !!!
Pouvoir passer le plus de temps à tes côtés
Car t'oublier, c'est vraiment trop compliqué

Au coucher du soleil
Près de toi, je m'émerveille

Et je pourrais m'envoler
comme une hirondelle
Quand tu me dis des petits mots
à l'oreille

Je ne te dirai jamais au revoir
même si nous décidons de ne plus nous revoir
car t'enlever de mes pensées,
c'est trop compliqué
donc t'enlever de ma vie
serait semblable à une maladie

Rendez-vous dans mon cœur
à n'importe quelle heure

Oh mon bien-aimé
je ne veux aller nulle part
je veux rester à vos côtés
car vous écouter parler
me fait tant rêver

Tu es celui avec qui
J'ai envie de partager ma vie

Tu es LE garçon
Qui me procure tellement de joie

Avec toi, dans tes bras
J'espère que ça durera

À chaque pas que je fais vers toi
Je croise les doigts
Pour que tu me dises
Que comme moi,
Tu ressens ces choses
Et que ton cœur bat
Au même rythme que le mien
Au rythme d'un amour sain

Quand tu es avec elle
la peine m'envahit
même si des fois, je souris...

Ça doit être ça la jalousie

Tu n'arrêtes pas de passer dans mes pensées
Je ne fais que de rêver
Mais je ne sais pas trop quoi penser
De ce qui pourrait arriver

L'amour c'est compliqué
Surtout quand il faut
Arrêter de rêver
Et faire face à la réalité

Comment tout t'avouer
Car même dans mes pensées
Je n'arrive plus à m'y retrouver

Et si tout s'arrêtait aujourd'hui
si notre amitié était finie
si tu ne voulais plus me parler
durant le reste de notre vie
comment je ferais ?
sans tes sourires ?
sans ta compagnie ?
sans te parler du vendredi au jeudi ?
et oui... c'est toi qui rempli mon esprit
et tu n'en es toujours pas sorti
je rêve de toi toutes les nuits
et j'en viens même à écrire de la poésie

Mais je ne veux pas te perdre
alors, on reste ami

Ne plus t'avoir à mes côtés serait de la folie
donc je me sers de mes écrits
pour t'avouer que tu es celui
avec qui je voudrais partager ma vie

Je te l'avoue, j'ai eu le béguin
et chaque nuit,
je rêve que l'on s'embrasse sans lendemain

Partir loin pour séparer mon chemin du tien
Ça me ferait peut-être du bien
De m'éloigner de notre lien

Lorsque tu es arrivé dans ma vie
Je t'ai seulement souri
Et je ne me serais jamais dit
Que tu allais devenir
La source de mon « inspi »

Peut-être que tu l'aimes
Et je t'avoue que cela me gêne

Il n'y avait aucune promesse
Mais je t'en prie, reste

           « vivre notre vie »

C'est ce que l'on pourrait se promettre

Je t'en ai parlé
et j'ai eu l'impression que cela t'avait affecté
tu ne souriais plus
mais j'avais l'impression que pour toi,
c'était superflu

Et tu m'as avoué ton erreur
sans comprendre
qu'elle me faisait mal au cœur
tu m'as dit que tu venais me voir
que quand tu étais dans le noir...
dans le désespoir
car avec moi, tu pouvais parler
j'étais la bonne amie,
celle à qui tu te confies

Je rêvais de t'avouer mes sentiments
pour que tu me vois autrement
mais je t'ai déclaré
que s'il y avait un problème j'étais là
et que même si ça va,
une amie, c'est fait pour ça

Et j'oublie de réfléchir en te voyant sourire

Tous nos souvenirs me font sourire

Près de toi
mon cœur bat
même si des fois
ça ne va pas
tu me remplis de joie

Si le chemin près de toi
doit durer des mois
sans hésiter, je le prendrai
car être à tes côtés me fait rêver

Près de toi, je me sens bien
et loin de toi, je ne suis plus rien
sentir ta main dans la mienne
m'enlève ma peine et calme ma haine

Car les sentiments que j'éprouve pour toi
sont de plus en plus grands,
au fur et à mesure des mois

L'amour et l'amitié
peuvent nous procurer de la joie
mais peuvent aussi
nous faire faire n'importe quoi

Ton sourire me fait partir
loin de ce pays en folie

Aimer, c'est ce que je ressens à tes côtés

C'est le fait de ne pas vouloir te lâcher
le fait de n'entendre que toi parler
le fait de vouloir passer
chaque seconde à tes côtés
le fait de rêver de t'embrasser
le fait de penser que sans toi,
je serai désespérée

Mais je serai capable
de ne jamais tout t'avouer
pour ne pas tout gâcher

Nous dansons ensemble sur de la musique
En écoutant notre propre rythme
Pourvu que ce ne soit pas un mythe

Rien ne me ferait plus plaisir
que de te voir dans mes bras
et de ne plus te lâcher
jusqu'à la fin de l'éternité

Comment te faire comprendre
que c'est de toi que je rêve à chaque fois
que c'est toi qui hantes mes pensées
que c'est toi qui me fais sourire
que c'est toi qui me fais pleurer
que c'est toi qui me fais rire
qu'avec toi mon cœur bat tellement fort

Moi loin de toi
c'est du charabia

Et si tout ce que tu disais
N'était qu'éphémère
Et que cela ne servait qu'à me faire taire

Et tous nos souvenirs
sont gravés
dans mes pleurs
et dans mes sourires

Pourquoi je suis autant attachée ?
Pourquoi j'ai des sentiments envers toi ?
Pourquoi je n'arrive pas à t'oublier ?
Pourquoi est-ce qu'on a l'impression que rien n'a jamais vraiment existé ?

J'ose certaines choses
mais te parler me fait stresser
Je ne suis qu'une simple rose
qui perd ses pétales
et qui aimerait annoncer
à un être aimé
ce qu'elle ressent
Lui expliquer que pour elle, il est important

Et si je venais maintenant
est-ce que tu me répondrais sérieusement ?
Imaginons que je t'avoue mes sentiments
est ce que tu me regarderais en rigolant ?
Si je te regardais en pleurant
est ce que tu comprendras mes tourments ?
Et si tu me dis que tu vois ça autrement
est ce qu'il faudra que je parte en courant ?
Car plus rien ne sera comme avant

Le temps est court
Mais notre amour durera toujours

Je pourrais rêver de toi à l'infini
mais je préfère me réveiller
pour être avec toi
et vivre notre histoire
en toute sincérité

C'est l'histoire d'une dame
un jour, elle déclara sa flamme
à un ami qui avait du charme

Malheureusement, ce fut le drame
elle crut perdre son âme
il fallait peut-être qu'elle se condamne
mais elle préféra devenir une grande femme
et rallumer cette flamme

Quand les grains du sablier seront tombés
Nous serons séparés à tout jamais

Je voulais qu'entre nous ça aille bien
que l'on soit proche du soir au matin

À présent
je le souhaite toujours autant
mais ça me fait du mal
ça me saccage le moral
car près de toi, je ne sais ce qui est vrai
je ne sais comment distinguer la vérité

Et voilà, je le savais
c'est la fin de l'année
et je n'arrive pas à t'oublier
moi qui rêvais
que ça n'allait jamais se terminer
pourquoi ai-je ce sentiment de naïveté ?
au fond, je le savais
que ça n'allait pas arriver
comme je le souhaitais
mais j'ai voulu y croire
croire à tout ce qui aurait pu se passer

Mais maintenant
il y a ces deux mois
et pendant ce temps là, je penserai à toi
je sais qu'il n'y a jamais vraiment rien eu
mais il y a tout de même eu nos moments
ceux où l'on a créé ce fort lien d'attachement
ceux où nous avons pu développer certains sentiments

Aujourd'hui ce ne sont que des souvenirs
qui me font sourire et parfois souffrir

Tu crois qu'on y arrivera à rester ami ?

Si je te disais que
tu es celui qui passe dans mes pensées
celui qui me fait rêver

Tu crois que tu m'aimerais ?

Si c'était aujourd'hui
que je te disais que tu es celui
près de qui
j'ai espéré passer tellement de journées

Je voudrais juste te dire
que je garde encore en tête
chacun de tes sourires
et chacun de nos souvenirs
ils sont comme encrés en moi

Voilà j'aimerais pouvoir te dire tout ça

J'aimerais tellement revivre
des moments que j'ai passés
revivre cette intensité
revivre le temps passé à tes côtés
et j'espère de tout cœur
que dans tes pensées
nos souvenirs continuent de se promener

Tu as jeté nos souvenirs à la poubelle
alors que moi,
ils persistent à rester
dans ma putain de cervelle

Malgré notre histoire désastreuse
nous sommes sur un nouveau départ
qui je l'espère
ne tournera pas au cauchemar

Mais tu m'as hypnotisée
impossible de te sortir de mes pensées
et nos souvenirs reviennent
quand je pense aux sourires
que l'on se faisait dans le passé

Mon tendre aimé
Qu'allons nous devenir ?
Allons nous souffrir ?
Je ne pourrais me séparer de vous
Comment faire un acte aussi fou ?

Aussi jolie qu'une rose
Leur histoire se raconte en prose

Je n'aimerais rien oublier
tout garder dans mes pensées
les bons comme les mauvais moments

Me dire que ça, c'était avant
et que je m'en rappelle maintenant
me dire que c'est inoubliable

Me rappeler chaque micro seconde
chaque petite onde

Ta main dans la mienne
l'autre sur ma hanche
ma main dans la tienne
l'autre sur ton épaule
ton souffle volant sur ma joue
et embrassant mon cou
mes lèvres se rapprochant des tiennes
ton regard dans le mien
et nos corps comme deux aimants
se collant au fur et à mesure de la danse

J'aimerais que cela ne cesse jamais
et que tes bras soient toujours près de moi

Elle était là
là où il ne s'attendait pas à la voir
leurs regards étaient intenses
il se rapproche, elle également
ce moment, les deux le rêvent depuis longtemps
et maintenant il va se passer, réellement

Mes pieds glissant sur la piste
ma main tenant la tienne
mon corps tournant sur lui-même
la pluie luisant sur nos corps

Et notre danse,
ressemblant à de la prose
arrêtons de penser
et dansons sans limites
pour ne jamais nous arrêter

Ils ne font que de penser
à ce qui pourrait se passer entre eux

Elle dans son lit,
entre sa musique, ses crayons,
son téléphone, ses livres et ses pensées
et lui dans son canapé
entre sa couverture, sa musique,
son téléphone et ses pensées

Pourquoi s'embêter
alors qu'ils pourraient
tout simplement se lancer
tout se déclarer, pour enfin s'enlacer

Lui,
il regarde au bord de sa fenêtre
la lune et les étoiles
les lumières éteintes
juste la lueur des réverbères en bas de la rue
qui éclaire la couleur sombre de ses yeux
sa musique en bruit de fond
et ses pensées encombrant la pièce

Eh, soit dit en passant
ça fait plus d'un an
que tu es dans mes pensées
et que tu n'y fais que passer

Mes bouts de papier sur le sol
et toi, tu me rends totalement folle
je pourrais me mettre en nage
pour trouver le moyen
de t'envoyer un message

Assise sur le lit, je réfléchis
mon crayon à la main
j'écris avec soin

Je n'aimerais jamais oublier
tous les moments passés à tes côtés
nos souvenirs me donnent le sourire

Toi ? Est-ce qu'ils te font de l'effet ?
je ne sais plus trop quoi penser

Et dans mes pensées
tu ne fais que passer
comment te faire sortir
sans me faire souffrir
et souvent, je me demande
si tout comme moi tu penses à nous
dans tes rêves les plus fous

Même loin l'un de l'autre
ils ne peuvent s'empêcher de regarder le ciel
en même temps, au même moment
le seul élément qui les relierait à jamais
en plus de leur foi,
leur amour
et leurs souvenirs

Elle aurait tant aimé pouvoir te le dire plus tôt
je te le promets, elle regrette
elle se demande ce qui lui est passé par la tête

je pense qu'elle a eu de réels sentiments
d'immenses sentiments

Mais elle avait peur
de ce que ressentait ton cœur
et le sien aussi
elle se disait souvent que toi
tu pensais différemment
mais quand elle a su
elle fut attristée,
elle le regrettait

Mais elle essaya de se dire
que si c'est arrivé une fois
ça pouvait se reproduire
elle garde l'espoir,
au fond d'un tiroir

Plus que des regards et quelques mots
je ne sais plus quoi faire
je ne dis pas que c'est de ta faute,
loin de là
j'aurais pu,
mais je n'ai pas agi
alors je me force à t'éviter
mais te résister, c'est vraiment compliqué

        ton sourire,
        ton regard,
        ta voix,
        tes cheveux,
        ton visage,
        tes mots
        ta façon de réfléchir,
        tes chansons ,
        nos souvenirs

tout cela se promène dans chaque recoin de mes pensées

Dans ma tête, tu es rentré
et tu n'y fais que passer
je pense que tu t'y es perdu
car tu n'en sors plus
mais je ne veux pas te faire sortir
car tu me fais sourire

Pourtant on aimerait profiter de chaque instant
pour voir si on peut continuer à y croire
pour voir s'il reste un espoir

Cette lueur d'espoir
qui nous sortirait du noir

Mes yeux te cherchant
au milieu de tant de gens
et quand je t'eus enfin trouvé
je vis que tu me regardais

Est-ce le fruit du hasard
ou c'est bel et bien ton regard
qui cherchait le mien
autant que j'observais le tien ?

Est-ce une rêverie
ou tu m'as bel et bien souri ?
Suis-je délirante
ou me trouves-tu vraiment charmante ?
Serai-je devenue folle ou avec toi,
je ne touche littéralement plus le sol ?

C'est toi qui rôdes dans mes pensées
C'est de toi dont j'ai rêvé
Mais je ne sais pas comment agir :
Soit sourire
Soit souffrir
On verra ce que nous réserve l'avenir

1an, 5 ans, 10 ans, 100 ans
on ne peut pas savoir combien de temps
durent les sentiments
mais on peut être sûr
que quand ils sont purs
le temps n'a pas vraiment d'intérêt
tant qu'on continue d'aimer

Ses discours
sont comme un défaut sur une photo
en théorie, c'est joli

Mais quand on regarde de plus près
l'erreur se voit, c'est inné

La lumière qui s'éclaire dans tes yeux
me fait découvrir une nouvelle ère
celle des cieux,
celle qu'on partage à deux

Malgré la distance
Et la séparation
Il n'y aura pas de changement
Dans leur relation

Il leur faudrait
encore un peu plus de temps
pour qu'ils puissent voir
ce qui les attend

Un grand amour
c'est un amour intense

Un sentiment de toujours
c'est un amour immense
souvent, il n'est pas parfait
mais ce sont ses imperfections
qui le rendent véritable

Il faut trouver la personne
pour qui les étoiles
ne sont pas juste des points de lumière
mais un univers
qui fait briller leur corps et leurs âmes
sous la douceur de la nuit

Il la fait sourire et rougir
à chaque message, chaque souvenir

Te regarder dans les yeux
sans dire de mot
rester silencieux,
on n'en fera jamais trop
on s'envolera dans les cieux
au contact de nos peaux

1ans et demi après
tu as décidé de me recontacter
nous nous sommes enfin retrouvés
Tout compte fait c'était réciproque
encore aujourd'hui pour moi c'est un choc
et j'écris toujours sur l'histoire de notre amour

Merci à toi
merci à nous
merci pour tout

© Camille Taulelle, 2024
Édition : BoD • Books on Demand GmbH, In de Tarpen 42, 22848 Norderstedt (Allemagne)
Impression : Libri Plureos GmbH, Friedensallee 273, 22763 Hamburg (Allemagne)
ISBN : 978-2-3225-3828-7
Dépôt légal : Août 2024